これだけは知っておきたい
「働くこと」の決まり **10代からのワークルール**

③

こんなときこそ ワークルール！
就活・就職編

監修 **上西充子**

旬報社

目　次

はしがき ………………………………………………………………… 4

第1章　就活のときに気をつけることは？

- **Q.** 就職活動ってどんなことをするものなの？ ……………………… 6
- **Q.** 非正規雇用ってなんですか？　正社員となにが違うの？ ……… 8
- **Q.**「残業手当5万円を含む」とはどういう意味ですか？ ………… 10
- **Q.**「裁量労働制」ってなんですか？　雑誌編集者を目指しています … 12
- **Q.** インターンシップって就職活動なの？ …………………………… 14
- **Q.** 採用面接で聞かれたことには全部答えないといけないの？ …… 16
- **Q.** 性別で仕事が決まるのは差別ではないですか？ ………………… 18
- **Q.** ほかの企業の内定を辞退するよう言われました ………………… 20
- **Q.** 入社予定の会社から内定を取り消すと言われました …………… 22
- **Q.** 労働組合がある会社っていいの？　悪いの？ …………………… 24
- **コラム**「就活ルール」がなくなる？　変わる大学生の就活 ……… 26

第2章　就職後のトラブルはどうすればいいの？

- **Q.** のんびりしたくて有給休暇を申請したら、「そんな理由じゃダメ」と断られました …… 28
- **Q.** 残業はしなければいけないのですか？ …………………………… 30
- **Q.**「君の仕事が遅いから」と言われて、残業代が出ません ……… 34
- **Q.** 店長になると、残業代が出ないって本当？ ……………………… 36

- **Q.** 転勤を命じられましたが断ってもいいのでしょうか？ ……… 38
- **Q.** 契約社員でも定年まで働くことはできますか？ ……… 40
- **Q.** 赤ちゃんができたら仕事を辞めなきゃいけないの？ ……… 42
- **Q.** 親の介護で残業できません。会社を辞めるしかないですか？ ……… 44
- **コラム** 入社前の研修やアルバイト、参加しなくてはダメ？ ……… 33
- **コラム** 給料から天引きされているお金はなに？ ……… 46

第3章 会社を辞めるのもラクじゃない!?

- **Q.** 上司から退職を勧められたら、応じなければならないの？ ……… 48
- **Q.** 整理解雇が行われたら、辞めなければならないの？ ……… 50
- **Q.** 退職を申し出たら研修費用を返すよう言われました ……… 52
- **Q.** 退職したら、次の仕事を探す間の生活費をカバーできるしくみはありますか？ ……… 54

ワークルールに詳しい
フクロウ先生

ワークルールを学ぶ
ヒヨコさん

はしがき

　本書では、高校生や大学生の就職活動や、実際に社会人となって働く場合を想定し、直面しやすい困りごとや対処法などについて解説しています。卒業を控え、就職活動に臨もうとする高校生や大学生は、やりたい仕事ができる憧れの会社からどうやって内定を得るかといったことに意識が向きがちになります。こうしたことも重要ですが、それに加えて、長く気持ちよく働き続けられる職場かどうかを自分自身の目で見極めて、選ぶという視点も重要です。こうした場合に、ワークルールの知識はあなたを助けてくれます。「第1章　就活のときに気をつけることは？」では、就職活動をする中で知っておいてほしいことや、起こりやすいトラブルの対処法について学びます。「第2章　就職後のトラブルはどうすればいいの？」では、社会人として働きはじめてから、職場や仕事上で起こりがちな困りごとについて、実例を通して解説しています。「第3章　会社を辞めるのもラクじゃない!?」では、会社を辞めるとき、あるいは辞めなくてはならないかもしれないときに役立つ情報を集めました。

　就職し、社会人になってからの人生は長いものです。その間に結婚や出産、子育てを経験したり、自分自身や家族の病気に直面する人もいるでしょう。こうしたこと以外にもさまざまな出来事が起こりますが、収入を得て生活していくためには、その間も仕事を続けていく必要があります。

　また仕事を頑張り、成果をあげることで、私たちは収入をアップさせたり、満足感を得ることができますが、豊かな人生を歩んでいくには、仕事以外の面も充実させなければなりません。

　そのためには、ワークルールを理解し、味方につけていくことが不可欠です。自分の将来はもちろん、家族や周囲の大人が困っているときにも、本書を参照し、役立ててください。

第1章

就活のときに気をつけることは？

Q 就職活動ってどんなことをするものなの?

私は将来、高校や大学の卒業を前にして、就職活動をすることになると思いますが、いったいいつごろからどのようなことをすればいいのでしょうか。

A 就職活動（就活）は、①情報収集、②応募、③選考、④内定、⑤承諾書の提出、⑥入社、の順で行われます。ただ、高校生と大学生とでは、その内容に違いがあります。

高校生の就職活動はハローワークと高校を通じて行われる

まずは、高校生の就職活動（就活）について教えてください。

高校生の就活の大きな特徴は、各都道府県の労働局（ハローワーク）と高校を通じて行われていることだね。

採用を希望する会社は、まず6月にハローワークに求人を申し込んで所定の求人票に労働条件を書き込み、ハローワークがその内容をチェックする。その後、求人票がハローワークから高校に送られ、高校では7月から求人票をもとに、就職を希望する生徒と先生が応募先を話し合うことになる。

そして9月初旬に応募が開始され、9月中旬以降に採用選考が行われて内定が出されていく。不合格だった生徒は、追加募集にもう一度挑戦していく、というのが一般的な流れだよ。

高校生が一人で就活をするのではないんですね。

そうだね。ハローワークと学校が間に入ることによって、生徒が劣悪（れつあく）な労働条件の会社に就職したり、また、採用選考で不当な扱いを受けることがないようにしているんだ。

ハローワークの求人票は、賃金（ちんぎん）や手当、交通費の支給、労働時間や休日などについて、詳しく記入するようになっているので、労働条件が確認しやすい。労働組合の有無も記入欄があるよ。

また、生徒が応募するときには、「全国高等学校統一応募用紙」によって応募することになっていて、これは応募者の人権に配慮したものになっている。適性と能力に基づく公正な採用選考が行われるようにするためだよ。

大学生の就職活動は会社と学生が直接行う

じゃあ今度は、大学生の就活について教えてください。

大学生の場合は、①**会社が直接、採用募集を行って、個々の学生が**それに応募していく場合、②**大学のキャリアセンターや学部・学科などに求人や募集情報が寄せられてそれに応募していく場合**、③**ハローワークに寄せられた求人に応募していく場合**などいろいろある。

高校生の就活とはどこが違うんですか？

会社と学生が直接連絡を取り合って採用選考が行われる①のようなケースが多いところが違うね。その場合は、インターンシップ（会社で行う就業体験）や OB・OG 訪問（情報収集のために同じ大学出身の社員の人を訪問して話を聞くこと）、あるいは企業研究や業界研究などを通じて応募する業界や会社を検討し、会社説明会への参加によってさらに応募先を絞っていく。そしてエントリーシートなどの応募書類を提出し、試験や面接を受けて、合格すれば内定を得ていくことになる。

一人で何社も応募し、同時並行で会社の採用選考に応じていくことが多いので、いろいろ準備や判断が必要になる。

それぞれの就活の詳しい注意点について、次のページから説明していくよ。

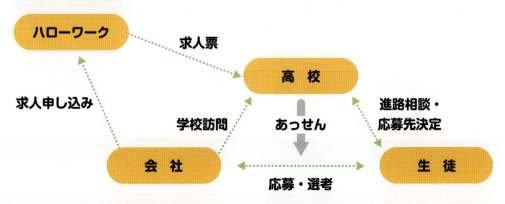

高校生の就職活動

Q 非正規雇用ってなんですか？正社員となにが違うの？

子どもの頃から憧れている会社が、社員募集しているのを見つけました。しかし求人の内容をよく見てみたら、募集しているのは「契約社員」です。両親に相談したら、「契約社員なんて非正規雇用だからダメだ。正社員で雇ってくれる会社を選びなさい」と言います。でも、「正社員への登用制度あり」と書かれていますし、私はどうしてもこの会社に入りたいです。正社員と契約社員はどう違うのでしょうか？

A 契約社員は、かぎられた期間だけ雇用される社員のこと。正社員は長く安定して働くことができます。

期間を定めずに、フルタイムで直接雇用で働くのが正社員

「正規雇用」や「非正規雇用」ってどういう意味なんですか？

正規雇用とはいわゆる正社員のこと。①期間の定めがない労働契約をしていて、②フルタイムで働く約束をしていて、③企業に直接雇用されている形態の社員のことを指すんだ。たとえば学生アルバイトだと、1年とか半年などと働く期間を決めていることが多いし、働く時間も1日3時間のように短いことも多いよね。

正社員は働く期間は限定されていないし、働く時間も原則1日8時間までとなっているよ。

企業に直接雇用されている、というのはどういうことですか？

たとえば、非正規雇用のなかには「派遣労働者」というのがあって、人材派遣会社と労働契約を結んだうえで、別の会社に派遣されたりするんだ。雇われている会社と、実際に働いている会社が違う働き方だね。これに対し、正社員は働く会社に直接雇われている必要があるんだ。

このケースの「契約社員」とはどんな働き方ですか？

契約社員は非正規雇用の一つで、期間を定めた労働契約を結んでいる働き方のことだよ。1年や2年などと最初に期間を決めておいて、それが終わったら自動的に契約は終わるんだ。契約を更新すればより長く働けることもあるけれど、更新は保証されているわけではないから、長く安定して働ける働き方とは言えないんだ。

非正規雇用は企業側に都合のいいしくみ

正社員登用制度というしくみを使えば、正社員になれるのでは？

制度があってもみんなが対象になるとはかぎらないし、これまでに正社員登用の実績があるともかぎらない。契約社員から正社員登用を目指すなら条件や実績を確認したほうがいいね。ただ、更新を繰り返して5年を超えた場合は、期間の定めのない労働契約に変えることができるよ（40ページ参照）。

契約社員の給料は正社員より安いんですか？

契約社員にかぎらないけれど、非正規雇用は正社員よりは給料が少ない傾向があるね。政府は、同じ仕事をしているなら正規でも非正規でも給料は同じにするべきだという「同一労働同一賃金」を実行するよう進めているが、まだまだ格差は大きいよ。

企業にとって非正規雇用は正規雇用よりコストが安くつくうえ、景気や業績が悪くなるなどして人が余ってきたら、契約を更新せずに辞めさせられるので、企業側に都合のよい働き方なんだ。

正社員でも多様な働き方を認める企業も登場している

じゃあ、なるべく正社員として働くほうがいいんですよね。

そうとも言い切れないけどね。たとえば、フルタイムでは働けないとか、正社員だと転勤や異動、残業を断りにくいという理由で、あえて非正規雇用を選んでいる人もいるからね。

だからといって給料が安いとか、立場が不安定なのも困るなあ。

そうだね。最近は、正社員でも多様な働き方を認めようという動きも出ているよ。たとえば、働く地域や仕事の内容が決まっていて転勤や異動がない正社員とか、もともと勤務時間が短かったり、残業はしない正社員という形で採用する企業も登場しているよ。

Q 「残業手当5万円を含む」とはどういう意味ですか?

求人をじっくり見ていると、初任給の欄に「残業手当5万円を含む」とか、「30時間を超えた残業には別途手当あり」とか書かれている企業がありますが、意味がよくわかりません。

A それは「固定残業代制」です。十分注意して他社と比較する必要があります。

一定の残業代があらかじめ支払われるしくみ

「残業手当を含む」って、残業なんてするかどうか事前にはわからないはずなのに、どうして勝手に含まれてるんですか?

本来であれば、特別な場合でないかぎり、決められた時間より長く働いた場合には残業代を追加で支払われなければならないんだ。

だけど会社によっては、一定時間分の残業はあるものとして、最初から支払うことに決めている「固定残業代制」を採用するところもある。

どうしてそんなことをするんですか?

理由はいろいろあるようだけれど、最初から残業代をプラスしておくと、なんとなく給料が高いように見えて、人を集めやすくなるというのもあるんじゃないかな。給料の欄に「20万

円」って表示するよりも、「25万円」として、別の場所に小さく「残業代含む」と書くほうが、条件がいいように見えるだろう？　給料のベースになるのは残業代などの手当を含まない「基本給」なので、本来はそれをまず表示すべきなんだけどね。

 残業をしなかったとしても決まった残業代がもらえるなら、働く人にとってはおトクな会社ということになるんでは？

理屈ではそうなるけど、固定残業代制を採用するところは、その分の残業は当たり前になっていることが多い。仕事が終わる時間が午後5時とか6時となどと決まっていても、現実にはそんな時間に帰る人は誰もいない、という職場かもしれないんだ。

給料の額だけでなく内訳をしっかり確認しよう

なるほど。求人票の数字に惑わされないようにしないといけないですね。

そういうこと。あくまで傾向ではあるけれど、シンプルな表示をしている会社のほうが、信頼できそうな気がするよ。固定残業代制を取る会社のには、勝手な解釈をして悪用するところもあるからね。

 勝手な解釈をして悪用する!?それはどういうことですか？

固定残業代制であっても、決まった残業時間を超えて働いた場合は追加の残業代が支払われないといけないのに、「一定の残業代を払っているから」と言い張って、それ以上の残業代を払わないところもあるようなんだ。

 そういう会社では働きたくないなあ。悪質な会社を見分けるにはどうしたらいいですか？

まず、固定残業代制を取る会社の場合は、労働条件をしっかり確認して、わからないことは進路担当やキャリアセンターの先生に確認すべきだね。

 わかりました！

厚生労働省は、求人や募集にあたって固定残業代制を取る場合、求人票に下の内容を示すように、という指針を出しているんだ。このルールに従った表示をしていない会社は、ほかのルールも守っていない可能性もあるから、十分注意する必要があるね。

求人票に記載すべき内容

- 固定残業代を除いた基本給の額
- 固定残業代に関する労働時間数と金額等の計算方法
- 固定残業時間を超える時間外労働、休日労働および深夜労働分には割増賃金を追加で支払うこと

ルールを守った記載の例

基本給　20万円　　残業手当　5万円

（時間外労働の有無にかかわらず、30時間分の時間外手当として支給）
※30時間分を超える時間外労働には別途割増賃金を支給

（出所）厚生労働省ホームページをもとに作成。

Q 「裁量労働制」ってなんですか？雑誌編集者を目指しています

私は本や雑誌を読むのが好きなので、将来は出版社で働きたいと考えています。出版社の編集職の多くは「裁量労働制」だと聞きましたが、これはどういうことでしょうか？

A 一定時間働いたと見なされる制度で、専門的な仕事にかぎって適用されます。

時間管理を本人の裁量に任せる「みなし労働時間制」

裁量労働制ってなんですか？

実際に働いた時間に関係なく、一定の時間だけ働いたと見なして、実態に即した残業代が支払われない「みなし労働時間制」というしくみの一つだ。業務によって「専門業務型」と「企画業務型」に分かれているよ。

どうしてそんな制度が必要なんですか。

取材でいろんなところを訪ねている記者など、雇っている企業の側が働く時間を把握し、管理するのが難しい職種があるよね。そういう場合は、無理に労働時間を管理するよりも、働く人に任せてしまったほうが効率がよいこともある。

確かにそうかもしれませんね。

裁量労働制では、その仕事をするのに必要と見なす時間が8時間であれば、実際に働いた時間が6時間であっても10時間であっても、決まった給料が支払われるだけで、残業代は出ないんだ。深夜や休日に働いた場合は、割増賃金の対象になるけれどね。

裁量労働制は長時間労働になりやすい

 だったら、効率的に仕事を終えれば早く帰ったりもできるわけですよね。仕事ができる人なら、おトクな制度じゃないですか？

 理屈ではそうなるけど、現実には裁量労働制の対象となっている仕事は長時間労働になりやすいんだ。雇う側が必要と見なす労働時間が、実際に必要な時間とかけ離れて短いことも多いし、雇う側も働く側も残業を意識しなくなるので、仕事の量が増えやすいという問題がある。

 どんな仕事が対象になるんですか？

 長時間労働を引き起こしやすいので、対象になる職種はかぎられているよ。たとえば、新商品や新技術の研究開発、情報処理システムの分析や設計、記事の取材や編集、デザイナーや大学教員の仕事などがこれにあたる。なお、業務はかなり限定されているにもかかわらず、違法に裁量労働制を採用するような企業もあるから注意しよう。

 うーん、確かにどれも時間をかければ成果があがるという仕事ではない感じですね。

 さらに専門性の高い仕事で高い給料をもらっている人を、労働時間の規制の対象からはずす「高度プロフェッショナル制度」という新しいしくみも2019年からはじまるよ。専門的な仕事をする人を、時間だけで管理するのは難しいのは確かだけれど、働きすぎにならないよう気をつけなくてはいけないね。

裁量労働制の対象業務

【専門業務型】
- 新商品や新技術の研究開発
- 情報処理システムの分析、設計
- 取材、編集
- デザイナー
- プロデューサー、ディレクター
- コピーライター
- システムコンサルタント
- インテリアコーディネーター
- ゲームソフト開発
- 証券アナリスト
- 金融商品の開発
- 大学教員
- 公認会計士
- 弁護士
- 建築士
- 不動産鑑定士
- 弁理士
- 税理士
- 中小企業診断士

【企画業務型】
- 事業の運営に関する事項についての企画、立案、調査および分析の業務

Q インターンシップって就職活動なの？

大学生の姉が大学のキャリアセンターで「企業の現場を経験して、進路を決める参考にしては？」とインターンシップへの参加を勧められました。でも姉の友達は大学を通さずに志望企業に直接インターンシップを申し込んでいて、「うまくすれば内定をもらえる」と張り切っているそうです。大学の言うとおり、インターンシップは進路の参考にするものなのか、それとも友達が言うように採用活動の一つなのか、姉はどう考えればいいかわからなくて、混乱しています。

A インターンシップと就職活動は別であると考えるべきです。

採用活動の前倒しに利用する企業もある

 そもそも、インターンシップってなんですか？

 インターンシップは学生が企業の現場で仕事を体験することだよ。学生が自分の将来や向いている仕事はなにかを考えるきっかけにしたり、社会人としての能力や意欲を高めることが目的なんだ。

 職業体験（しょくぎょうたいけん）みたいなものですね。だったら大学側が言っていることが正しいってことですよね。それなのに、インターンシップで「内定をもらえる」なんてことがあるんですか？

現実には本来の目的をはずれて、採用活動の一環として利用している企業があるようだね。インターンシップの参加登録の段階で詳細なエントリーシートの提出を求めたり、インターンシップ中に採用面接をしたり、入社の意思を聞いてきたりするケースがあるようだ。学生側も、就職活動で有利になるならと、インターンシップを実施する企業に直接応募することも多いようだね。

確かに、就職したい企業があって、そこがインターンシップを実施しているなら、応募するメリットはある気がします。

インターンシップだけでは企業の現実はわからない

ただ、興味のある企業がたくさんある場合、全部のインターンシップに参加していたら勉強する時間がなくなってしまうよね。逆に1回のインターンシップで就職を決めるのでは、幅広い選択肢(せんたくし)から将来を考えることが難しくなってしまうかもしれない。インターンシップと就職活動は、まったく別であるべきなんだ。

その考え方もわかります。でも、もしインターンシップ先から就職するよう誘われたら、その気になってしまうかもしれないなあ。

インターンを経験すると、「社内の雰囲気や仕事の内容についてわかっているから安心だ」と思うかもしれないけれど、学生に見せている姿が現実とはかぎらないよ。最近は人手不足の企業が多いから、学生にはなるべくいいところを見せようと、実際よりも「よい職場」を演出している可能性もある。実際に就職してみたら、思っていたのと全然違うということにもなりかねないからね。

インターンシップは「タダの労働力」ではない

なかには、インターンシップをタダの労働力として悪用する企業もあるから注意が必要だよ。

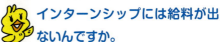
インターンシップには給料が出ないんですか。

基本的には職業体験だから出ないけど、実践的な仕事をしている場合は働く人と見なされて、給料が出たり、働く人を守る労働法の対象となることもある。ほかの社員やアルバイトの人たちとまったく同じ仕事をさせられているような場合は、給料はもらわないといけないよ。

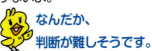
なんだか、判断が難しそうです。

「実践型(じっせんがた)」などと言われる長期間のインターンシップの場合は、しっかり内容を確認したほうがいいね。

インターンシップに関する学生へのアンケート

インターンシップが採用活動になっていると感じたことはありましたか

- 未回答 28.8%
- はい 30.7%
- いいえ 40.5%

N = 3887

（出所）文部科学省「就職・採用活動時期の変更に関する調査」（2015年）より作成。

Q 採用面接で聞かれたことには全部答えないといけないの?

面接官から「お父さんはどういうお仕事をなさっているの?」と聞かれました。父はいま、失業中で一緒に就職活動を頑張っているのですが、そういうことを話すと不利になるのでしょうか?

A 本人に責任のないことに関する質問は、してはいけないことになっています。

「採用の自由」はあっても差別的な選考は許されない

 確かに「父は無職です」だなんて、あんまり言いたくないですよね。家族の失業なんて自分のせいじゃないし、お父さんだってがんばっているのになんだか下に見られそうな気がします。このように、答えたくない質問にも答えなければいけないんですか?

働く人には「職業選択の自由」が憲法第22条で保障されているんだ。一方で、会社やお店側にも「採用の自由」があって、基本的にはどんな人を選んでもそれは自由だ。

じゃあ会社側は面接でどんな質問をしてもいいし、どういう答えが採用や不採用の決め手になってもいいってことですか?

それは違うんだ。あくまで仕事をするうえで必要な適性や能力を基準に、応募してきた人の基本的人権を尊重したうえで、自由に選んでいいということだよ。その人に直接責任のないことや差別的な理由で選ぶと、職業選択の自由が実現できなくなってしまうからね。だから、こうしたことにかかわる質問はしてはいけないことになっているよ。

じゃあこのケースの場合、本人の責任ではないお父さんの仕事に関しては、聞いてはいけないことになりますか？

そうだね。親の職業はもちろん、家族のことや本籍、生まれた場所、業務と関係ない本人の健康状態、どんな環境で育ったかといったことは、採用の基準にしてはいけないので、質問をしたりエントリーシートに書かせたりしてはいけないんだ。ほかにも、宗教や自分の支持する政党、学生運動などの社会活動、普段読んでいる新聞や雑誌など、その人の思想や信条に関わることもNGなんだよ。

なるほど。だけどこのケースの場合、もう質問されちゃっていますよね。「そういう質問はしてはいけないルールなので答えません」なんて言うと、印象が悪くなりそうなんですが。

選ばれるだけでなく自分が企業を選ぶ姿勢も大切に

それが難しいよね。嘘をつくわけにもいかないから、なるべくていねいな言い方で答えられないことを伝えるか、あるいは正直に答えて、働くうえでは影響がないことを説明するぐらいかなあ。

答えてしまったからには採用に影響するかもしれないし、答えなければなにか勘ぐられそうです。聞いたもん勝ちみたいでずるいなあ。

本来、採用の担当者がこうした決まりを理解していなければいけないのに、こういうことを聞いてくる会社は、ほかのルールに関しても守る姿勢が甘い可能性はあるね。就職活動は相手に自分を選んでもらうだけでなく、自分が働く会社を選ぶという姿勢を忘れてはいけないよ。

こういう会社は、こちらのほうから減点しちゃいましょう。

採用面接での不適切な質問例

- 高校生や大学生が政治活動をすることをどう思いますか？
- あなたの生まれ育った街について、詳しく教えてください。
- 後日、あなたの戸籍謄本を出していただきますがよろしいですか？
- あなたがよく読む雑誌があれば教えてください。
- あなたが支持する政党とその理由を教えてください。
- あなたの家族のお仕事について教えてください。

Q 性別で仕事が決まるのは差別ではないですか?

大学生の姉が面接に行きました。姉は営業をやってみたいのですが、その会社の新入社員は男性が営業、女性は事務職と配属が決まっていたそうです。しかもグループ面接の場では女子学生だけに、「将来結婚して赤ちゃんが生まれたら、仕事はどうしたいですか?」という質問をしたそうです。子どもは夫婦が協力して育てるべきなのに、女性だけがこんな質問をされて採用に影響するのは、おかしいのではないでしょうか。

A 男性と女性は基本的に同じ扱いをされなければなりません。

面接での質問や職種を男女で分けるのはNG

 営業や事務職に性別なんて関係ないんじゃないかなあ。

 まったくそのとおり。「男女雇用機会均等法」という法律では、募集や採用での性別による差別を禁じていて、男女は同じように取り扱われなければいけないことになっているよ。

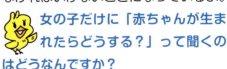 女の子だけに「赤ちゃんが生まれたらどうする?」って聞くのはどうなんですか?

男女で違う質問をするのもNGだよ。逆に男性だけに、幹部候補になりたいかどうかを聞くような

ケースもあるけれど、これもダメ。

🐤 子育てはお母さんだけがやるものじゃないし、やる気と能力がある人は男女関係なく出世させればいいだけですよね。

🦉 男女雇用機会均等法が施行されたのは1986年なんだけど、それ以前は男女で明確に職種を分けて募集したり、会社に入ってからも男女で扱いを区別するようなことは普通に行われていたんだ。女性だけに自宅通勤などの特別な条件を設けたり、妊娠を機に仕事を辞めさせたりといったことも一般的だったんだ。

🐤 悔しい思いをした女の人は多かったでしょうね。

🦉 逆に男性がチャンスを制限されていた仕事もある。君は「看護婦」という言葉を聞いたことがある？

🐤 大人の人が、女の看護師さんのことを「看護婦さん」と呼んでいるのを聞いたことがあります。

🦉 以前は看護師は主に女性の仕事で「看護婦さん」と呼ばれていたけれど、男女雇用機会均等法をきっかけに呼び方が変わったんだよ。看護師にかぎらずあらゆる職業で（特別な場合を除く）、チャンスは男女平等であるべきと定められたんだ。いまは直接的な差別はもちろん、身長や体重の要件を設けるなど、間接的な差別も禁じられているよ。

入社してからの昇進や定年も男女で差があってはならない

🐤 それなのに、いまだに過去の意識が抜けきらずに差別をしている会社があるのは残念ですね。

🦉 あからさまな差別は少なくなっていても、目に見えない差別はまだまだ残っている気がするね。

🐤 30年以上前にこの法律ができたのなら、いま頃は社長さんとか会社で偉くなる人の半分は女の人でないとおかしいですよね。

🦉 そのとおりだね。男女雇用機会均等法では、募集や採用だけじゃなく、昇進や定年などでも男女の差別を禁じている。女性は妊娠・出産の際にどうしても一定期間仕事を休まなければならないので、差別がなくならない要因はそこにもあるかもしれないね。これについては本の後半などでも考えていこう（42ページ参照）。

男女雇用機会均等法で禁じられている募集・採用での性差別の例

- 対象から男女いずれかを排除すること
- 条件を男女で異なるものとすること
- 男女のいずれかを優先すること
- 身長や体重を要件とすること
- 合格の基準を男女で変えること
- 資料を男女いずれかにしか送付しないなど情報提供に差をつけること

ほかの企業の内定を辞退するよう言われました

Q 私の兄が就職活動をしています。最終選考を終えたばかりの第2志望の企業から、今後の就職活動を止める誓約書にサインをするなら内定を出すと言われたそうです。第1志望の企業はまだ選考の途中なので就職活動は続けたいのですが、採用されるかどうかはわからないので内定は欲しいと言っています。こういう場合はどうしたらいいのでしょうか？

A これは「オワハラ」です。内定はもらっておけばOK。

学生には自由な就職活動を続ける権利がある

これは困りましたね。第1志望はあきらめたくないけど、第2志望から内定がもらえるのならキープしておきたいですよ。

これはいわゆる「オワハラ（就職活動終わりハラスメント）」だね。このケースのように、就職活動を終わらせるようストレートに迫るだけでなく、他社の選考がある日に呼び出したり、研修などと言って何日も拘束して学生が他社の選考を受けられないようにするようなことがあるんだ。内定の辞退を申し出た学生に脅すようなことを言って、辞退を撤回させるようなケースもあるようだね。

自分の会社で働いて欲しい学生を囲い込もうとしているんですね。でも、まだ就職活動を続けたい学生は困ってしまいますよね。そもそも、こんな囲い込みって許されるんですか？

こんなことがまかり通れば、日本国憲法で保障されている「職業選択の自由」が脅かされてしまうよ。こうした自由な就職活動を妨げるオワハラのような行為は許されるべきではないね。

じゃあ、「オワハラ」をする企業は罰せられるんですか？

ルール違反をする企業に誠実さを欠いてもやむなし

残念ながら法律で禁じられているわけではないので、「オワハラ」をする企業はあとを絶たないんだ。こんな会社はほかにもルール違反をしそうだから内定はもらわないほうがいい、と言いたいところだけど、実際にはそうも言っていられないだろうね。

そうですよ。なんだかんだ言っても、やっぱり内定は欲しいです。

「まだ就職活動を続けたい」と正直に言えば、内定は出ないかもしれないね。内定が欲しいなら「他社は辞退する」と言って内定をもらっておけばいいんじゃないかな。

それだと嘘をつくことになりますけど、大丈夫ですか。

誠実な対応ではないけれど、不誠実なことをしてくる企業に対してはそれも仕方がないと思う。

企業側も一定の内定辞退はもともと見込んでいるものだから、他社への就職を決めたらすぐに辞退の連絡をすれば問題ないよ。

なかには内定を辞退すると損害賠償を求めてくる悪質な会社もあるようだけど、そんな要求に応じる必要はまったくないからね。

「オワハラ」の現状とそのケース

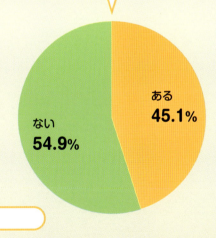

学生から「オワハラ」の報告を受けた大学は全体の45%

- ある 45.1%
- ない 54.9%

オワハラの例

- 今後就職活動は行わないと記載された誓約書にサインを求められた
- 内定の受諾を早く迫られ、ほかの会社を受けられなくされた
- その場で電話の受話器を渡され、他社をこの場で辞退すれば内定を出すと言われた
- 内定辞退の電話連絡を入れたところ、電話口で怒鳴られ、内定辞退を撤回するよう求められた

（出所）文部科学省「就職・採用活動時期の変更に関する調査」（2015年）より作成。

入社予定の会社から内定を取り消すと言われました

Q 採用試験に合格し、希望の会社から内定をもらいました。誓約書など必要な書類を提出して、春の就職に必要な手続きをすませたのに、突然「会社の業績が悪化したから採用できない」と連絡がきました。いまさらそんなことを言われても、どうしていいかわかりません。

A 内定取り消しは無効です。応じてはいけません。

内定取り消しができる理由はかぎられている

　こんなことってひどすぎませんか！？

　確かにそうだね。ところで、君は「内定」ってどういうことか知っているかな。

　えーっと……その会社に就職する約束、かなあ？

　内定にはさまざまな方法があるので一概には言えないのだけど、会社と入社が内定した学生の間には労働契約（始期付解約権留保付労働契約）が成立しているという考え方がなされているんだ。卒業後の4月から働きはじめる労働契約で、ごく限られた特別な事情がある場合は内定の取り消しができるという意味だよ。

　えっ、内定は取り消しOKなんですか。それじゃ困っちゃいますよ。

　労働契約が成立しているのだから、解雇と同じでよほどの理由がないと認められないよ。たとえば、卒業できなかったとか、健康診断でその仕事がどうしてもできない病気が見つかったといった理由なら、取り消しはできると考えられている。

　たしかにそういう理由なら、仕方ないかもしれないですね。

内定辞退を求められてもすぐに応じないこと

　大学生の場合は、内定をもらってから入社するまでの間が長いので、その間に研修を受けさせられたり、資格を取るよう求められたりすることもある。なかには研修時の態度や成績、資格を取れなかったことなどを理由に内定を取り消すケースもあるようだけど、それも認められないよ。

　このケースでは、会社の業績が悪化したということですけど、この

理由はどうなんでしょうか？
　倒産するほど悪化したのなら仕方がないけれど、単に売上や利益が減って必要な人数が減ったとか、赤字になったという程度では認められないよ。企業は内定取り消しを防止するために最大限、努力しなければならないんだ。

だったらこのケースでは大丈夫なんですね。
　内定の取り消しは解雇と同じで、企業にとってかなりハードルが高い。だからあえて取り消しとは言わずに、なにかと理由をつけて内定を辞退するよう迫ることもあるんだ。

　また、内定後に研修やアルバイトをさせてその働きぶりを見て採用する人を選抜し、もれた人に内定辞退を迫るような悪質な会社もある。

　仕事ができない自分が悪いと感じる人もいるかもしれないけれど、これは、会社の勝手な都合を押しつけられているだけだよね。そういう場合は決して応じたり、内定辞退届にサインしたりしてはいけないよ。まずは高校なら進路担当の先生、大学ならキャリアセンターに相談しよう。

内定取り消しをする会社もあるんだね。

そんな内定取り消しは、その場で受け入れちゃダメなんだよね！

労働組合がある会社っていいの？ 悪いの？

Q 両親は「労働組合のある会社のほうが、いざというときに頼りになる」と言います。でも、実際に労働組合がある会社に勤めている先輩に聞くと、「毎月組合費を取られているけど、それでなにをしているかわからない」と否定的です。労働組合ってどんなメリットがあるのでしょうか。

**A 団結して会社と交渉ができます。
誰でも加入できる社外の組合もあります。**

1人の力は小さくても団結すれば対等な交渉ができる

　そもそも「労働組合」ってなんなのですか？

　働く人にとっては、なんとなく会社や上司が偉くて、自分は下の立場にいるような気がしたりもするよね。理不尽（りふじん）な扱いを受けても、なにも言えずに泣き寝入り（ねい）することも多い。

　そうですね。自分の上司に反対意見を言うのは難しいですね。

　でも本来、働く人と会社は対等だから、一方的に言うことを聞く必要はないし、不当な扱いを受けたら抗議して改善を求めるべきなんだ。それを頭ではわかっていても、1人で行動を起こすのはすごく勇気がいるよね。

　いくら対等と言われても、1人で会社に抗議するのは厳しいですね。

　1人では弱くても、働く人たちが団結すれば交渉する力は大きくなるし、会社だって耳を傾けたり、譲歩したりせざるをえなくなるよね。労働組合は働く環境を改善したり、給料をあげてもらうことなどを目的に結成する団体で、みんなで会社に交渉したり、行動することができるんだ。

　労働組合では、具体的になにができるんですか。

　憲法では、働く人が労働組合を自由に結成して、会社側と団体で交渉したり、要求を実現するために団体で行動する権利（労働基本権（ろうどうきほんけん））を保障しているんだ。君は「春闘（しゅんとう）」とか「ストライキ」といった言葉を聞いたことがあるかい？

　意味はよくわからないけど、ニュースで聞いたことがあります。

　春闘は毎年春に、給料をあげるよう労働組合などが会社と交渉する

しくみだよ。ストライキは、みんなで示し合わせて一時的に仕事をするのをやめ、それを背景に会社に要求を訴えることだ。これも団体行動権として憲法で保障された働く人の権利なんだ。

そんなことまでされたら、会社も困って要求を飲んでくれるかもしれないですね。1人でそれをやったら怒られるだけ、みんなでやればすごい力になりそうです。

労働組合と会社が話し合って決めたことは「労働協約」と言われて、会社が一方的に決めた就業規則よりも優先されるんだ。

会社に労働組合がなくても外部の労働組合に加入できる

でも、ストライキとかやっているのを聞いたことがないなあ。

労働組合の活動が最も盛んだったのは終戦直後で、激しいストライキも行われていたんだ。その後、労働組合と会社が協力して、1970年代のオイルショック（石油危機）を乗り越えた歴史があって、会社単位の組合は、会社とよく話し合う姿勢のところが多くなっているね。

それでも意味はあるんですか？

賃上げとか手当とか育児休業とか、いまの労働条件があるのは、過去の組合の活動の成果かもしれないし、組合がなければ会社はやりたい放題になっているかもしれない。組合の存在は労働条件の悪化を食い止める効果もあるんだよ。

また、もし組合が団体交渉をしたいといったら、会社は断ることが許されず、誠意を持って対応しなければならないんだ。働く人が職場で困ったことがあれば相談に乗ってくれるし、その役割は決して小さくないと思うよ。

逆に労働組合がない会社に行くと、交渉のしくみがないわけですね。

最近では、会社の枠を超えた労働者で組織する「合同労組」や、地域ごとの「コミュニティ・ユニオン」といった、新しい形の労働組合も登場しているよ。その多くは、労働組合のない会社に勤める人はもちろん、パートやアルバイト、外国人など誰でも加入することができるんだ。

会社選びのときには、その会社に組合があるかないかが、一つの判断材料になることは覚えておいてもらいたいな。もし組合がない場合でも、なにかトラブルがあった場合は、こうした個人加入のできる組合に相談することも大切だね。

コラム

「就活ルール」がなくなる？変わる大学生の就活

2021年の廃止を経団連が決定

　日本を代表する企業や団体で構成する日本経済団体連合会（経団連）は、大学生の就職採用面接の解禁日などを定めた「採用選考に関する指針」を、2020年入社の学生を最後に廃止すると発表しました。

　「就活ルール」はこれまでも、変更や見直しが何度も行われてきました。2015年から実施されている現行ルールは、面接などの選考開始は大学4年生の6月から解禁するという内容です。

　「就活ルール」を定めることによって、それまでは学生は学業に集中してもらうというのが「建前」ではありました。しかし、就活ルールは破ってもとくにペナルティがありません。

　そのため、少子高齢化による労働力不足を背景に、解禁日より早く選考をスタートして優秀な学生を確保しようとする「ぬけがけ」企業が相次いでいました。

グローバル標準は「通年採用」

　そもそも就活ルールは、日本独特のものです。外国人や海外留学から帰国した学生を積極的に採用しようとする企業や、経団連に入っていない企業などでは、ルールと関係なく必要なときに必要な人材を採用する「通年採用」を取り入れるところも増えています。

　ルールを守らない企業や、通年採用する企業が増えて、「就活ルール」は、すでに形だけのものになっていたという見方もあります。

ルールがないとデメリットも

　とは言え、ルールがなくなれば、就職活動が長期化して学生の負担が大きくなりすぎたり、勉強に集中できなくなるかもしれません。

　また、内定から卒業までの期間が長くなりすぎて、学生が心変わりしたり企業を取り巻く環境が変化するなどして、内定辞退や内定取り消しが相次ぐ可能性もあるなど、デメリットも考えられます。

　経団連は「新しいルールは作らない」としており、その代わりに政府が新しいルールを決めることが検討されています。

第2章
就職後のトラブルはどうすればいいの？

Q のんびりしたくて有給休暇を申請したら、「そんな理由じゃダメ」と断られました

父は最近疲れが溜まっているみたいで、土・日は体を休めるだけで終わってしまいます。たまには平日にものんびりしたくて有給休暇（有休）を申請したら、「子どもの学校行事とか通院といった理由があるなら仕方ないけれど、健康な君が用事もないのに有休なんておかしいだろう」と言われたそうです。有給休暇は特別な用事がないと取れないのでしょうか。

A 有給休暇は理由を問わず取得できます。単なるリフレッシュでOKです。

有給休暇は働く人すべてに取得する権利がある

 確かに用事もないのに休みたいって、なんとなく言い出しにくいですね。周りの人が子どもの行事とか通院とかいう理由で休んでいるなら、なおさらです。

大丈夫、有給休暇は働く人の権利で、その休暇をなにに使おうが自由なんだ。

遊びに行ってもいいし、ただのんびりしたいだけでもいい。堂々と休んでいいんだよ。

有給休暇は、どのくらい取得できるんですか？

 働きはじめてすぐだと有給休暇は取れないけれど、半年間働いて、8割以上出勤していれば取得できるよ。

　フルタイムで働く人の場合は年間10日で、その会社で働く年数が1年増えるごとに有休の日数も増えて、最大20日になる。これは法律で定められた最低限の日数で、それ以上の有給休暇を与えるのも会社の自由だよ。

 じゃあ、有給休暇についてとくに決まりがない会社でも、法律で定められている日数は最低限、休めることになりますね。

 そういうこと。「うちの会社に有休はない」なんてしらばっくれる会社もあるけど、半年以上働いていて、その間8割以上休まずに出勤すれば、理由を問わず有給休暇は取得できるからね。

　ちなみに、正社員やフルタイム勤務じゃなくても、対象になるよ。パートやアルバイトも条件を満たせば有給休暇は取れるんだ。

有給休暇を取らせないための圧力は違法となる

 ちなみに「有給休暇なんて取ると、出世できないぞ」なんてことを言う会社もあるようだけど、そんなふうに有給休暇を取らせないようにすることは禁止されている。もちろん、有給休暇を取った人が損をするような扱いもNGだよ。

 わかりました。では、有給休暇はいつ取ってもいいんですか。

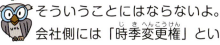 そういうことにはならないよ。会社側には「時季変更権（じきへんこうけん）」という権利があって、働く人が希望する日に休ませると会社が回らなくなる場合には、変更してもらうことはできる。

　ただし、「忙しいから」などといった理由で先延ばしすることは認められないけどね。

 同じ仕事を担当している人が同じ日に休んだりすると、会社も困っちゃいますから、仕方ないですね。

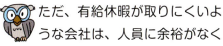 ただ、有給休暇が取りにくいような会社は、人員に余裕がなくて、働きづらい職場である可能性もあるよね。

　就職先を決めるときは、事前に有給休暇の取得実績について確認しておくといいんじゃないかな。ルールを守っている会社なら、堂々と答えてくれるはずだからね。

有休は堂々と取っていいんだね！

Q 残業はしなければ いけないのですか?

私の先輩が働く職場はいつも忙しくて、残業するのが当たり前になっているそうです。たまには早く終わらせて一緒に食事に行ったりしたいのですが、担当の仕事が山のようにあって、当日中に終わらせるよう言われているので、とても帰れないと言っています。残業は必ずしなければいけないのでしょうか?

A 残業するのは当たり前ではありません。心身の健康維持を優先しましょう。

**残業は原則として禁止
特別な手続きを経て認められる**

 こんなに毎日残業していると、疲れが相当たまってしまいそうですね。これじゃあ休日は疲れを取るのが精一杯で、遊びに行けませんよ。

 会社が残業させることは、基本的には法律で禁止されているんだ。どうも誤解している人が多いようだね。

 残業は法律で禁止されているんですか! それはどういうことですか?

 法律では、働く時間は週40時間、1日8時間までと決まっていて、会社は基本的に、それを超えて働かせることを禁止されているんだよ。

 だったらどうして、残業している人がたくさんいるんですか?

会社が残業をさせるには、会社と労働組合（ない場合は従業員の過半数を代表する者）とで、「36（さぶろく）協定」という特別の約束をしなければならないんだ。この約束をして労働基準監督署長に届け出ることで、36協定で定めた残業時間の範囲内で特別に残業が認められ、罪に問われなくなるんだよ。

残業って特別なことだったんですね……。

36協定では、具体的な残業時間の上限を定めることになっている。長時間労働をさせないために、上限をなるべく低く抑え、それでも会社が回っていくように仕事量や仕事の進め方を調整していくことが重要なんだ。また、残業をさせる場合は割増賃金の支払いも必要だよ。

これらの条件が満たされていたら、残業は断れないんですか？

働く人の健康を脅かすほどの残業は認めるべきでない

このケースのように毎日遅くまで残業するのを認めていたら、働く人は体をこわしてしまうおそれがあるよね。36協定を結んだとしても、認められる残業時間は月45時間までなんだ。

月45時間以上の残業も、「特別条項付き36協定」を締結すれば可能なのだけれど、これを締結するのはさらにハードルが高いんだよ。

そもそも、働く人のプライベートや健康を脅かすような仕事量や残業命令は、会社が残業を命じる権利をむやみに使いすぎているとして、無効だとする考え方もあるよ。

誰にだってプライベートの時間や自分の健康を大切にする権利はありますよね。仕事だけで毎日が終わるなんてイヤですよ。

「まだ大丈夫」と思っても心身が追い詰められることも

そのとおり。あまり働きすぎると最悪の場合、命を失うことだってあるんだ。君は「過労死」という言葉を聞いたことがあるかな？

働きすぎて病気になって死んでしまった人や、自殺した人のニュースを聞いたことがあります。ただ、死ぬぐらいなら会社を辞めればいいのに、とも思うんですが……。

それは心身が健康な状態だから言えることなんだよ。長い時間働きすぎたり、パワハラやセクハラを受け続けたりしていると、適切な判断をする力が失われてしまうことがある。「自分はまだ大丈夫」と思っているうちに心身がどんどん追い詰められて、うつ状態になり、辞めるという判断ができないまま自ら命を絶ってしまうこともあるんだよ。

怖いですね……。

「自分にしかできない仕事だから」とたくさんの仕事を抱え込んでしまうことも危険だよ。仕事は決して、命がけでやるものではないからね。会社は労働者が安全に働くための

配慮をしなければいけないことになっている。働きすぎているとか、心に負担を感じる職場であれば、「もうできない」と声をあげたり、休んだり、病院を受診する勇気が必要だよ。心の病気であっても労働災害（労働者が仕事を原因として受ける災害のこと）は認められるし、休養が必要な場合は健康保険から傷病手当金といって、給料の代わりになるお金も支払われるからね。

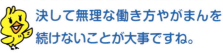

決して無理な働き方やがまんを続けないことが大事ですね。

勤務問題を原因・動機の 一つとする自殺者数の推移

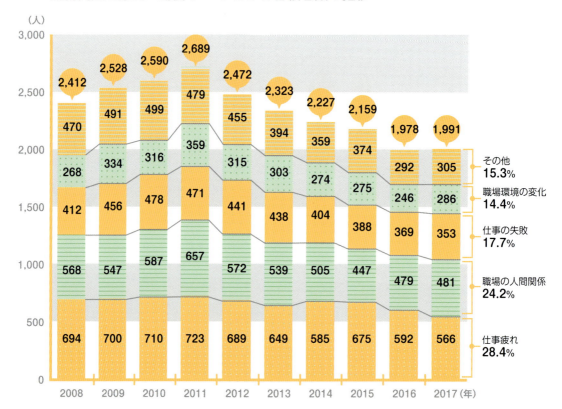

出所：厚生労働省「平成30年版過労死等防止対策白書」より作成。

入社前の研修やアルバイト、参加しなくてはダメ？

資格取得を求める例も学生の負担は大きい

　一般的には内定が出てから入社までには数ヵ月の期間があるものです。大学生の就職の場合、この期間を利用して内定者研修を実施したり、内定者向けアルバイトやインターンシップなどへの参加を求める企業があります。また、内定前に資格を取るよう求められることもあります。

　継続的なアルバイトはもちろんですが、研修も宿泊を伴ったり、長期間に及ぶ場合もあります。資格取得もそのための勉強が必要であり、内定者にとっては時間的にも精神的にも大きな負担になることも。忙しかった就職活動を終えて、ようやく勉強や卒論などに集中しようとしていた矢先に、予期せぬ拘束を受けることになり、戸惑う学生も少なくないようです。

　本来、研修は入社してから行うべきもので、それを勝手に前倒しするのはおかしなことです。企業は内定者に入社前の研修やアルバイトを強制することはできませんし、内定者にも参加する義務はなく、断ってかまいません。断ったことを理由に内定を取り消すことも認められません。

入社までは社員ではないあきらめず相談を

　内定者のアルバイトやインターンシップも同様で、参加の義務はありません。なかには研修という名目で繁忙期の人手不足を補おうとする企業もあるようです。

　実質的に現場の労働力となって会社の利益につながる仕事をさせられているのなら、名目にかかわらず適切な給料を受け取る権利があることも覚えておきましょう。

　とはいえ、現実には参加しなければ評価が下がるのではないか、あるいは同期入社の人たちに、おくれを取ってしまうのではないかと心配になるもので、簡単には断れないかもしれません。それでも、卒業するまでは社員ではなく学生です。やりたいことがあるなら簡単にあきらめず、学校の先生や大学のキャリアセンターなどにも相談してみましょう。

Q 「君の仕事が遅いから」と言われて、残業代が出ません

就職した先輩の職場では、締め切りが迫っている仕事がいつも山積みで、定時に終えられることはほとんどないそうです。それなのに残業代がつかないとのこと。その理由を聞いてみたところ、上司に「君は仕事が遅すぎるんだよ。普通の人なら時間内に終えられる仕事を夜までかかってやっているだけだろう？」と言われたからだそうです。このような理由は正当で、先輩は残業代をもらう資格はないのでしょうか？

A 会社には残業分の給料に加え、割増賃金を払う義務があります。

指示された仕事なら残業代をもらう権利がある

「仕事が遅いから」って言われると、反論しづらいですよね。だけど、ほとんど毎日残業しているのに、残業代が全然出ないなんてかわいそう。

この上司が言っていることは明らかに間違っているよ。労働契約で決めた時間より長く働いているのなら、残業代は支払われないといけないんだ。

もし、この人の仕事のスピードが、ほかの人より遅いとしても、残業代はもらえるんですか。

少なくとも、会社から指示を受けた仕事を終わらせるために残業しているのであれば、理由は関係なく支払われないといけない。仕事が本当に遅いのであれば、会社はそれを配慮した仕事量にするべきなのであって、残業代を払わない理由にはならないよ。

確かに、残業が当たり前になるほどの仕事量が普通になっているのは、おかしいですよね。

なかには、「年俸制だから」とか「残業代は給料に含まれている」（固定残業代制、10ページ参照）という理由で残業代の支払いを拒否する会社もあるようだけど、年俸制というのは理由にならないし、固定残業代制を採用する会社でも固定残業代を超えた分は支払われないといけないんだ。

このケースではどうなりますか。

残業代が出ない残業はきっぱり断ろう。これまで支払われなかった残業代も、未払い賃金として請求することができるよ。

ちなみに残業代ってどのぐらいもらえるんですか？

法律では1日の労働時間は原則として8時間、1週間では40時間までと決められていて、それを超えて働いた場合は25%割り増しの給料になるよ。たとえば、1時間1,000円の時給だったら、1,250円ということだ。これが深夜（22〜5時）の時間帯に重なれば、割増率は50%になる。ちなみに、休みの日に働いた場合は35%の割り増しが必要だよ。支払われていない残業代があったら、しっかり請求しないといけないね。

仕事が多いままの「残業禁止」勝手な決まりは許されない

最近は残業を禁止する会社が増えているようだよ。決まった時間になると電気が消えて、仕事ができなくなる会社もあるとか。

それはいいですね！ どの会社もそうしてくれればいいのに。

ただ残業を禁止すればいいというものではないんだよ。残業をしなくても終わる程度の仕事量に抑えたうえで早く帰るよう促すのはいいけど、なかには残業代を払いたくないだけだったり、仕事量が多いままで残業を禁止している会社もあるからね。

そういう会社だと、どうなるんですか？

仕事が終わらなくても早く帰るよう強要されるから、家に仕事を持ち帰ってやる羽目になったり、タイムカードを押してからこっそり残業するようプレッシャーをかけられたりするようだよ。

それはひどいなあ。結局タダ働きだ。

指示された仕事が時間内に終えることができないのが明らかであれば、「残業禁止」なんて勝手な決まりは通用しない。仕事量を減らしたり、人を増やして時間内に終えられるようにするか、きちんと残業代を支払うよう交渉しないといけないね。

Q 店長になると、残業代が出ないって本当?

ファストフードチェーンのお店でアルバイトをしています。一緒に働いている社員の人が、本部から「店長にならないか」と打診されたのですが、なんと店長になると管理職になるので、残業代が出なくなると説明を受けたそうです。うちのお店は一般のスタッフはもちろん、店長もたくさん残業してなんとか回せているのに、残業代が出なくなると給料が大幅に減ってしまうと思います。なぜ店長になると残業代が出ないのでしょうか?

A 飲食チェーンの店長は管理職でも、残業代を受け取る権利があります。

残業代が出ない「管理監督者」は「管理職」とは異なる

 店長になると残業代が出ないって、どういうことですか?

 労働基準法では、「監督若しくは管理の地位にある者」(管理監督者)には、残業代を支払わなくて もいいことになっているんだ。

 そうなんですか。会社に勤めたら、部下を率いる「管理職」を目指すものですよね。それなのに、そんな落とし穴があったなんて!

 ただ、部下を率いる立場の「管理職」と、残業代が支払われない「管理監督者」は同じではないよ。

「管理職」と「管理監督者」はどう違うんですか

管理監督者は経営方針を決定したり、自分の勤務時間を自由にできて、「役職手当」などその立場にふさわしい給料をもらっている必要があるんだ。

ちょっと難しいんですが、要するに会社の重要なことや自分の働く時間を決められるぐらい偉くて、高い給料をもらっていないといけないんですね？

「管理監督者」ということは、そういうことになるね。

チェーン店の店長は管理監督者でないことが多い

このケースのファストフードチェーンの店長はどうなんでしょうか？ お店の重要なことは決めていても、会社全体の重要なことはたぶん決められないですよね。

そうだね。チェーンにもよるだろうけど、給料も特別に高いわけではないと思うよ。このケースでも、店長が具体的にどんな立場でどんな権限を持っているのか確認して、「管理監督者」ではなさそうであれば残業代を支払うよう主張するべきだね。

じゃあ、このファストフードチェーンの店長は「管理監督者」ではないと言えるんですよね。どうしてこのケースでは、「残業代が出ない」なんて言われているんでしょうか。

店長という肩書きを与えれば「管理監督者」にあたると勝手な解釈をする会社があるんだよ。

ひどいなあ。この場合の店長は管理監督者じゃないし、店長になっても残業代をもらう権利はあることをちゃんと言わないといけないですね。

これは飲食店や小売店の店長さんたちの長時間労働の原因になっている「名ばかり管理職」として、社会的な問題にもなったんだ。飲食店や小売店にかぎらず、ほかの業種でも「○○長」という肩書きを乱発する会社がある。営業職なんかだと名刺の見栄えも良くなるし、「管理監督者」だと言い張って残業代を払わないケースもあるから十分気をつけたいね。

会社の言いなりになっていると、思わぬ損をすることがあるので注意しないといけませんね。

管理監督者の要件

残業代の出ない「管理監督者」は以下のすべてを満たす必要がある

- 経営者と一体的な立場で仕事をしている
- 出社、退社や勤務時間について厳格な制限を受けていない
- その地位にふさわしい待遇がなされている

（出所）東京労働局「しっかりマスター労働基準法」より作成。

転勤を命じられたら断ってもいいのでしょうか？

Q 兄が大企業に就職しました。両親は「大きな会社に就職すると安心だよ」と言っていますが、全国に支店があるような会社なので、私は兄の転勤が不安です。友人が誰もいないような地域に引っ越してほしくはないのですが、異動は断わることができるのでしょうか？

A もし特別な事情があるなら、会社に相談してみましょう。

「遠くに行くのはイヤ」という理由で断ることは難しい

突然、遠い地域に転勤なんて言われたら、びっくりしますよね。知っている人が誰もいない街に引っ越すなんて、不安な気持ちは理解できます。

ただ、それだけで断るのは難しいんじゃないかなあ。

えっ！　本人がイヤでも転勤を断れないのはどうしてですか。

転勤の可能性がある仕事の場合、求人の段階でそう明示してあるものだし、採用のときの労働契約や就業規則に転勤があることは書かれていると考えられる。全国に拠点を持つ会社にとっては、社員を転勤させることはある程度やむをえないし、会社は働く人を転勤させる権利も持っているんだ。

転勤したくないなら、労働契約を交わすときにあらかじめ断っておく必要があるということですね。

転勤したくない場合は、最初から転勤は一切ないとか、働く場所を限定しておく労働契約を結べる場合もあるからね。

ただ、労働契約を交わしたときには転勤が可能でも、あとから事情が変わることもありますよね。絶対に断れないとなると、困る場合もあるんじゃないですか？

大丈夫。事情によっては断ることもできるから。

会社側は育児や介護などの事情に配慮する必要がある

断ることもできるんですね。それはどんな場合ですか？

たとえば小さい子どもを育てている人や、家族を介護している人が転勤を命じられてしまったら、応じることができずにそのまま仕事を辞めてしまう、なんてことになりかねないよね。こういう特別な事情がある人には、会社側

も配慮をしなければいけないことになっているんだ。

 じゃあ、家族に小さい子や介護が必要な人がいれば、転勤しなくていいんですか。

いや、そういう人に転勤を命じてはいけないとか、絶対に断ることができる、というほど強い決まりではないんだ。会社がその人の事情をちゃんと聞いて、社内の保育所を使わせてあげたり、介護費用を援助するなど、育児や介護を続けられるだけの十分なサポートをするのであれば転勤させることもできるんだよ。

 なるほど。十分な会社の配慮があればいいんですね。

ただ、なかには明らかに嫌がらせのような転勤もある。理不尽（りふじん）な命令を受けたなら、すぐには従（したが）わず抗議するべきだね。

 嫌がらせのような転勤って、なんですか？

しつこくセクハラをしてくる上司に、セクハラを止めるよう抗議をしたら、異動の時期ではないのに突然、不自然な転勤を命じられた、なんてケースがありえるね。その転勤は上司がしくんだ嫌がらせの可能性があるので、その上司より上の立場にいる人に相談して、転勤とセクハラの関係を確認したほうがいい。普通の転勤の命令には従っても、嫌がらせに従う必要はないからね。

介護や子育てする人は転勤について配慮してもらえるよ。

それなら安心して働けるね。

契約社員でも定年まで働くことはできますか?

Q 契約社員を募集する求人をよく見かけるのですが、契約社員として入社して、あとから定年まで働ける社員になることはできるのでしょうか?

A 契約社員でも「無期転換ルール」で定年まで働ける可能性があります。

条件を満たせば無期契約へ転換を申し込める

 契約社員でも正社員と同じように働いて、評価もされているなら、定年まで働きたいと思っても当然だと思います。なんとかならないのですか?

 一定の条件を満たせば、「無期転換ルール」の対象になるよ。

 無期転換ルールってなんですか?

 契約社員のように期間の定めのある労働契約(有期労働契約)は、本来は期間が終われば契約も自動的に終わるので、長く働けない可能性があることは前に説明したよね。だけど、これを期間の定めのない労働契約に転換できる制度があるんだ。

 期間の定めのない労働契約って、正社員のように定年まで働けるんですか?

 給料などの労働条件は原則として直前の有期労働契約と同じになるから、正社員と同じ条件かどうかはわからない。それでも、定年まで働けるようになることは確かだよ。2013年4月1日以降にはじまった有期労働契約で、働いた期間あるいは契約期間が5年を超えて、契約を1回以上更新していて、現時点も同じ会社と契約が続いていれば、期間の定めのない労働契約への転換を申し込む権利(無期転換申込権)が発生するんだ。

法律の適用を逃れるための雇い止めは違法になる

 じゃあ契約社員の人も、契約を更新しながら5年を超えて働けば、無期転換してほしいと申し込めるわけですね。

 そうだよ。

 この「申し込める」ってどういうことですか。会社側は申し込みを断ることができるんだったら、あんまり意味がないと思うんですが。

無期転換を希望する人は、自分から申し込む必要があるんだけど、会社側はこの申し込みを断れないんだ。

　契約社員として長く働いていれば、誰でも定年まで働けるんですね！

　ただ、このルールが適用されるのをうまく避けようとする会社もあるから要注意だよ。

　どうやって避けるんですか？

　働きはじめて5年を超えると無期転換の申し込みを断れなくなるから、その前に辞めさせようとする会社が出てきているんだ。無期転換ルールの対象になる前の3年とか4年で契約更新を拒否するケースだ。

　それはひどい。制度の悪用ですね。

　契約更新を拒否するだけでは違法にならないけど、長く働いてきて評価もしているのに、あきらかに法律の適用を逃れる目的で更新を拒否したり、次の更新があると期待させているようなケースでは、違法と判断されることもある。

　じゃあ、更新を拒否されたとしても、望みはあるんですね。

　そうだね、なかには申し込み自体をさせないよう働きかける会社があるようだけど、簡単にあきらめたり、同意してはいけないよ。それは違法だと伝えて交渉したり、労働基準監督署に相談する手もあるからね。

無期転換の申込時期

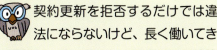

（出所）厚生労働省「無期転換ルールのよくある質問」より作成。

赤ちゃんができたら仕事を辞めなきゃいけないの？

Q アルバイト先で仲良くしてもらった社員の方が妊娠しました。彼女はずっと赤ちゃんを欲しがっていたので祝福したのですが、本人は浮かない顔です。理由を聞くと、上司から会社を辞めるように言われたのだそうです。「ウチは小さい会社で、あなたが休んでいる間の仕事をカバーできないから、新しい人を雇いたい」という理由だそうですが、こんなことが許されるのでしょうか？　私も将来妊娠したら、会社を辞めなくてはならないのですか？

A それは「マタハラ」です。辞める必要はありません。

妊娠出産を理由に解雇（かいこ）することは許されない

🐥 赤ちゃんを授（さず）かって幸せなはずなのに、会社を辞めさせられるなんてかわいそうです。なんとかならないんですか？

🦉 これはいわゆるマタハラ（マタニティ・ハラスメント）だね。女性は妊娠や出産をすると、それまでと同じように働くことが難しくなることがあるけど、それを理由に嫌がらせをするような例があるんだ。

🐥 このケースのように、仕事を辞めろと言われることですか？

🦉 そうだね。そこまでではなくても、正社員として働いていたのにパートや契約社員（けいやくしゃいん）になるよう言われたり、給料を減らされたり、健診や出産、育児のためのお休みを取ることを拒否されたりする例があるようだよ。

🐥 そもそも女性は、妊娠や出産しても仕事を辞めたりする必要はないんですよね？

🦉 まったくないよ。そもそも妊娠を理由にした解雇は違法だからね。辞めるよう勧めたり、イヤミを言ったりすることも禁じられている。妊娠中は体調も変化するのでいままでどおりの仕事ができなくなることもあるから、そういう人には休みをあげたり、残業を免除したり、キツい仕事から外してあげるといった配慮もしなくてはならないんだ。

妊娠出産をサポートする制度を知っておこう

🐥 出産のためのお休みも取れますか？

🦉 もちろんだよ。約3ヵ月半の出産前後の休暇（産前産後休業（さんぜんさんごきゅうぎょう））は誰

でも取ることができるし、1年以上働いているなどの要件を満たした人は、育児のための育児休業も最長で子どもが2歳になるまで取れるよ。その間は、育児休業給付金というお金も雇用保険から支払われるから、仕事を休んでいる間の収入もある程度カバーできるよ。

 それはありがたいですね。

育児休業はお父さんになった男性も取れるから、ぜひお休みを取って育児を積極的に行ってほしいね。ほかにも、フルタイムの人が働く時間を減らせる短時間勤務制度とか、残業や深夜の仕事を減らしてもらったり、子どもが病気になったときのための看護休暇もあるよ。

 いろいろあるんですね。でも、お母さんになった人の働き方が急に変わったり、長く休んだりすると、一緒に働いている人たちが大変かもしれないですよね。

そのときだけを切り取ればそうかもしれないけど、まわりの人だって自分が病気になるとか、家族に介護が必要になるとか、自分の奥さんが妊娠・出産することはあるよね。

そうじゃなくても、いろんな事情で働き方を変える必要が出てくるかもしれない。そういうときに辞めさせられたり迷惑がられることなく、助け合える職場だったら安心して働き続けることができるんじゃないかな。

 確かにそうですね。

会社の側がこうしたことに対応できるような体制を整えておかないといけないのはもちろんなんだけど、働く人たちも「お互いさま」という気持ちで助け合えるといいね。

産前産後休業と育児休業の概要

6週間	出産	8週間	子どもの1歳の誕生日の前日まで	1歳	一定の要件を満たすと最長2歳まで延長可能
産前産後休業			育児休業		

産休・育休中の社会保険料は免除

親の介護で残業できません。会社を辞めるしかないですか？

Q 私はひとりっ子なので、将来、親の介護が必要になったら、自分で面倒を見なければいけません。残業や転勤がある職場でそんな状況になったら、仕事は辞めなければいけないのでしょうか？

A 介護休業を利用して仕事と両立するプランを立てましょう。

介護休業は、介護と仕事を両立させるための準備期間

🐤 不安な気持ちは理解できます。なんとかならないのでしょうか？

🦉 介護は24時間だから、仕事を続けられないかもしれないと悲観するのも無理はない。だけど、辞めてしまってはキャリアも収入も閉ざされてしまうよ。まずは介護と仕事を両立させることを考えよう。

🐤 そんなことができるんですか？

🦉 介護認定を受けていれば、公的な介護保険のサービスを受けられる。仕事をしている時間はデイサービスを利用したり、ヘルパーさんにお願いするなどできないか、担当のケアマネージャーさんに相談してみよう。そのためには手続きや準備も必要だし、しばらく「介護休業」を取るのがいいと思うよ。

🐤 介護休業ってなんですか？

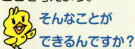

🦉 要介護状態になった家族がいる人が取れる休暇だよ。全部で93日だけど、1度に取ってもいいし、3回までなら分けて取ることもできる。有給ではないけれど、雇用保険から介護休業給付金が出るから、無収入にはならないよ。

🐤 ありがたい制度ですけど、介護は93日で終わりませんよ？

🦉 そうだね。介護休業は介護をするためというより、介護と仕事を両立するための準備期間と考えてほしい。介護保険や施設利用の手続きをしたり、必要なものを揃えたり、介護の練習をしたりしながら、仕事復帰に向けた体制を整えるんだ。

仕事を辞める必要はない 両立を支援する制度の活用を

🐤 介護休業ってそういう目的なんですね。でも、復帰してから残業の連続では厳しいですよね。

🦉 介護をしている人は、会社に介護が終わるまで残業（所定外労働）

をさせないよう請求できるよ。深夜（午後10時から午前5時）に関しても、その時間帯に働かせないでほしいと請求すれば、会社側は仕事の正常な運営を妨げる理由がないかぎり、断れないことになっている。

なるほど。残業も深夜の仕事もしなくてすむようになれば、辞めなくてもなんとかなりそうですね。

介護休業とは別に介護休暇という休みも取れるし、希望すれば労働時間を短縮したり、仕事のはじまりや終わりの時間をずらしてもらうといったこともできるよ。転勤に関しても、会社は家族の介護をする人には配慮しなければならないことになっているから、相談してみよう。

仕事を辞めなくても道はあるようで、安心しました。もし親の介護が必要になるときがきたとしても、あきらめずに両立できるようがんばってほしいですね。

仕事に全力投球できる人もいれば、働き方を制限しなければならない人もいる。ただ、人の事情は変わるので、両者はいつ入れ替わってもおかしくない。いろんな人が助け合いながら、気持ちよく働ける職場が増えるといいね。

介護と仕事を両立するための主な制度

介護休業	要介護状態にある家族を介護するために、対象家族1人につき通算して93日間まで、3回を限度として休業できる制度。
介護休暇	1事業年度ごとに、要介護家族が1人の場合5日、2人以上の場合10日を上限として、家族の介護や世話をするための休暇。介護休業とは別。
所定外労働（就業規則による労働時間を超える残業）の制限	要介護状態の家族を介護する社員から請求を受けた場合は、残業をさせることができない。ただし、事業の正常な運営を妨げる場合は認められる場合も。
時間外労働（1日8時間週40時間を超える残業）の制限	要介護状態の家族を介護する社員から請求を受けた場合は、1ヵ月につき24時間、1年につき150時間を超えて時間外労働をさせることができない。ただし、事業の正常な運営を妨げる場合は認められる場合も。
深夜業の制限	要介護状態の家族を介護する社員から請求を受けた場合は、深夜残業（午後10時から午前5時までの時間帯）をさせることができない。ただし、事業の正常な運営を妨げる場合は認められる場合も。
短時間勤務制度など	家族を介護する社員について、連続する3年間以上の期間、短時間勤務やフレックスタイムなどに関する措置を2回以上利用できるようにしなければならない。

コラム

給料から天引きされているお金はなに？

給料は全額を受け取れるわけではない

　会社が毎月支払う給料は、働く人が全額受け取ることができるわけではありません。社会保険料や所得税などが天引きされ、残ったお金が手取りの給与として振り込まれているのです。

　多くの場合、社会保険のなかで最も額が大きいのは「厚生年金保険料」です。厚生年金は会社に勤める人が加入する公的年金制度で、現役時代に毎月保険料を納め、老後に年金を受け取る仕組みです。

　「健康保険料」は、勤務先が加入する健康保険組合、あるいは協会けんぽに支払うお金です。加入すると病院など医療機関を受診する際に健康保険証が使えるので、医療費の負担が3割ですみます。

　学生のうちは扶養家族として親が加入する健康保険の保険証を使う場合が多いのですが、社会人になれば自分自身が加入するわけです。健康保険からはほかにも、病気やけがをして仕事を休む際の「傷病手当金」というお金も支給されます。なお、40歳を超えると「介護保険料」も合わせて天引きされるようになります。

　会社に雇われて働く人は「雇用保険」にも加入しており、「雇用保険料」を給料から天引きされています。雇用保険からは失業したときに失業給付が支払われるほか、育児休業や介護休業を取得して仕事を休む際にも給付金が支払われます。

働く人と企業が半分ずつ負担している

　これらの社会保険料は、働く人だけでなく勤務先も負担する決まりになっています。厚生年金保険料と健康保険料は折半で、天引きされる額とほぼ同額を会社も負担しています。雇用保険料は働く人よりも会社が多く支払っています。

　いずれも給料の額の一定割合と決まっているので、収入が多くなるほど支払額も大きくなります。

　そのほかにも、国に支払う所得税と、住んでいる自治体に支払う住民税も天引きされています。

第3章
会社を辞めるのも ラクじゃない!?

Q 上司から退職を勧められたら、応じなければならないの?

母の友人が会社から退職を勧められたそうで、母がとても心配しています。上司から「業績が年々悪くなっていて、人を減らさないと会社は倒産してしまうかもしれない」と言われたのだそうです。応じなければいけないのでしょうか。

A それは「退職勧奨」です。応じるか応じないかは自由です。

 景気が悪くなると、こういうケースは増えそうですね。

そうだね。会社側が退職を勧めることは「退職勧奨」と言われているよ。いわゆる「肩たたき」で、希望退職者の募集もこれにあたるんだ。

 こんなことを言われたら、辞めないといけないのでしょうか。

そんなことはないよ。ショックでそのまま「わかりました」と返事をしそうになるかもしれないけど、その場で結論を出してはいけないよ。退職勧奨に応じるか応じないかは自由だから、理由や条件などをよく確認してじっくり考えないとね。

 応じなければそのまま働き続けられるのですか。

そうだよ。ただ、退職金を上積みするなど、条件を変えてもう一度退職を勧められる可能性はある。

その場合に改めて話を聞くのはいいけれど、まったく同じ条件でしつこく退職を迫られるようなら「退職強要」となり、これは違法なんだ。

 解雇とはどう違うのですか。

解雇は会社側から一方的に辞めさせられることで、働く人のデメリットが大きいので厳しく制限されているよ。

労働契約法では、「解雇は、客観的に合理的な理由を欠き、社会通念上相当であると認められない場合は、その権利を濫用したものとして、無効とする」と定められている。

たとえば勤務態度がものすごく悪くて、何度も注意を受けているのにまったく従わないとか、業務命令違反を繰り返すとか、病気で仕事がまったくできなくなった場合などで、誰が見ても解雇は仕方がないと思われるケースでなければ許されないんだ（50ページで説明する整理解雇の場合を除く）。

「自己都合退職」とならないよう気をつけよう

 この場合だと、会社そのものの成長が危ぶまれているわけですから、満足のいく退職金がもらえるんだったら受け入れて辞めるということもありえますよね。その場合に気をつけることはありますか。

退職勧奨を受け入れて辞める場合は、雇用保険上では「自己都合」ではなく「会社都合」の退職となることを覚えておこう。

 その二つはどう違うんですか？

会社を辞めると、次の仕事に就くまでの間、雇用保険から「失業給付」（54ページ参照）というお金を受け取れるよ。これをもらえる条件が、会社都合と自己都合では大違いなんだ。自己都合の場合、失業給付を受けられるまでに3ヵ月待たないといけないし、もらえる日数も短くなる。

退職勧奨を受け入れての退職が会社都合になるなら、有利な条件で失業給付をもらえるわけですね。

ただし、会社によっては「一身上の都合により」などと書いた退職届けを書くよう強要するところもあるから気をつけよう。そういう退職届を書いたりサインしてしまうと、自己都合退職にされてしまうことがあるからね。

退職勧奨と解雇の一般的な流れ

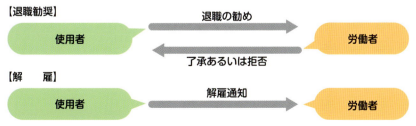

（出所）東京都産業労働局「辞めてほしいと言われたら」より作成。

Q 整理解雇が行われたら、辞めなければならないの？

業績が悪化していた父の友人の会社では、整理解雇をすることになったそうです。整理解雇ってなんですか？　父の友人も対象になるのでしょうか？

A いわゆる「リストラ」のこと。対象になる可能性がありますが、らん用は制限されています。

整理解雇の実施には要件が満たされている必要がある

 これはよく言われる「リストラ」でしょうか？

 そうだね、整理解雇は一般的にはリストラとも言われている。会社の経営がうまくいかなくなって、どうしても人を減らす必要があるときに行われる解雇のことだよ。

 解雇は厳しく制限されていると聞きました（48ページ参照）。

でも、経営がうまくいかないときは認められるということですか？

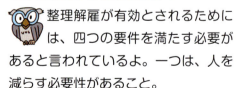 整理解雇が有効とされるためには、四つの要件を満たす必要があると言われているよ。一つは、人を減らす必要性があること。

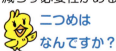 二つめはなんですか？

解雇しなくてもすむよう会社側がいろんな対策を取っていることだよ。たとえば、残業をやめさせたり、採用をやめたり、役員など偉い人

の給料を減らしたりといったことだね。自主的に辞めてくれる人の募集（希望退職）することなどもその一つだ。

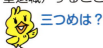三つめは？

整理解雇する人を選ぶ基準が合理的であることだよ。適当に決めちゃうとか、社長とソリが合わない人から辞めさせるというのではなくて、勤務成績など客観的な基準を設けて、それに合う人が選ばれないといけないんだ。

なるほど。最後の四つめはなんですか？

説明や手続きがしっかりなされることだよ。会社側は労働組合あるいは働く人たちに対して、整理解雇の必要性や時期、方法などについて十分説明し、話し合って納得してもらえるだけの努力をする必要があるんだ。

30日前予告か解雇手当が必要 退職金が出る場合も

それだけやれば、整理解雇はしてもいいということになるんですね。対象になってしまったらどうしたらいいんでしょう？

この場合でも、30日前の予告か解雇手当の支払いの必要があるから、必ず確認しよう。ただし悪質な会社の場合、退職届を書くよう迫るなどして自己都合退職にしようとするところもあるから注意が必要だね。

自己都合の退職になったら、失業給付（54ページ参照）に給付制限がついたり、給付の日数が減ったりするんですよね。整理解雇なんて会社都合以外の何物でもないのに、そんなこと絶対認めちゃいけませんね。

そうだね。逆に、親身になってくれる会社であれば、再就職先を一緒に探してくれたり、退職金が出たりすることもあるから、相談してみよう。

そんな親切な会社もあるんですね。

会社の事情によって辞めてもらうわけだから、希望退職を募るときと同様に、退職金を上乗せするケースもあるよ。

整理解雇を行うための4要件

人員削減の必要性	人員削減することが、不況や経営不振など、企業経営上の十分な必要性に基づいていること
解雇回避の努力	配置転換や希望退職者の募集など、他の手段によって解雇をしなくて済むよう十分な努力をしたこと
人選の合理性	整理解雇の対象者を決める基準が客観的、合理的で、その運用も公正であること
解雇手続の妥当性	労働組合または労働者に対して、解雇の必要性とその時期、規模や方法について納得を得るために説明を行うこと

退職を申し出たら研修費用を返すよう言われました

Q 新卒で就職した先輩が、事情があって会社を辞めることになりました。上司に退職を申し出たところ、「やっと半年間の研修を終えて現場に出せるようになったときに辞めるとはなにごとだ！ 研修にかかった費用を返してもらう」とカンカンだったそうです。研修費用は返すべきなのでしょうか。

A 研修は企業が負担すべき費用で、返す必要はありません。

会社側には痛手だが働く人には辞める自由がある

半年分の研修費なんて結構な金額になりそうだし、払えと言われても困っちゃいますね。だけど、これは会社側の言い分もわかる気はします。

会社の言い分もわかる？ それは、どうしてだい？

だって、研修を受けているだけの新入社員は利益を生みませんよね。それでも給料は払っているから、こんな時期に辞めるなんて言われたら、半年分の研修費と給料がムダになっちゃいます。僕が会社の人だったら、がっかりしちゃうなあ。

確かに、研修だけでなく採用そのものにもお金をかけているから、会社にとっては痛手だ。

しかしだからといって、研修費用を返さなければならないという話にはならないよ。

研修費用を返さなくてもいいんですか。それはどうしてですか？

働く人には、仕事を辞める自由がある。法律では2週間前に辞めるという意思表示をすれば、どんな理由であっても辞められることになっているんだ。

辞めることで会社が損をしても、弁償しなくていいんですか？

人を雇うということは、そういうことも受け入れなければならないということ。いくら採用や研修にお金がかかって、それがムダになったとしても、辞める人に責任を負わせたり、返せということはできないよ。

退職時の損害賠償を決めておく労働契約は無効

そうなんですね。でも、会社によってはそういうことを防ぐために、「半年以内に退職したら、研修費用を返す」とか「損害賠償を払う」なんて約束を、労働契約にこっそり盛り込んでいた

りするかも……。そんな会社もあるはずですよ、きっと。

たとえそういう労働契約を結んでいたとしても、そんな約束は無効だよ。退職のときに、違約金とか損害賠償を約束したり、あらかじめ額を決めておいたりすることは法律で禁じられているからね。

へぇ。労働契約を結んでいても無効なのですか？

ただ、本人が強く希望して、会社の費用で仕事に直結しない海外留学をした場合などは、会社から受けた利益がとても大きくなる。

こうした場合で、帰国後すぐに辞めたようなケースでは、留学費用を返還(へんかん)しなければならないとされることもある。

ただこれはまれなケースで、普通の研修程度で費用を返す必要はまったくないから安心して大丈夫だよ。

働く人は辞めたくなったら、2週間前に伝えるだけでいつでも負担なく辞めることができるんですね。

働く人が会社を辞めるのは自由だよ。

辞めたいときに辞められないのはつらいよね。

退職したら、次の仕事を探す間の生活費をカバーするしくみはありますか？

Q せっかく就職した会社でも、自分に合わなければ退職して次の仕事を探すのもアリですよね。仕事を探している間の生活費をカバーするしくみはありませんか。

A 働いていた期間や辞めた理由に応じて「失業給付」を受け取れます。

失業給付の受け取りには条件がある

 転職活動をしている間、収入がなくなるのは不安ですね。

 給料から毎月天引きされているお金の一つに「雇用保険料」というのがあるのを知っているかな。雇用保険は失業した人や、育児・介護のための休業で収入がなくなる人を助けるしくみで、会社を辞めた人にはここから「失業給付」というお金が支払われるよ。

 そんなありがたい制度があるんですね。

ただ、失業給付を受けるには条件がある。会社を辞めた日以前の2年間に12ヵ月以上、保険料を納めていないといけない。通常は1年以上勤めていれば資格があると考えられる。

ではがんばって、最低1年間は勤めるようにしたいですね。

また、このケースのように退職の理由がその人の都合である場合は、3ヵ月間の給付制限がある。会社を辞めてから失業給付を受け取るまでに、3ヵ月ほど待つ必要があるんだ。

 えーっ、3ヵ月も待たされるんじゃ意味ないじゃないですか。その間に転職先が決められる人も多いと思いますけど。

自分の都合で辞めるんだったら、準備はできるからね。失業保険はやむをえない理由で突然仕事を失ってしまった人へのサポートを手厚くするようになっているんだ。自分の都合で退職するなら、辞める前に転職活動をして次の会社を決めておく方法もあるね。

会社の倒産や解雇の場合は条件がゆるやかになる

 自分の都合じゃない場合はどうなるんですか？

たとえば会社が倒産したとか、解雇されたとか、会社の都合で辞めざるをえなくなった人の場合は、条件がゆるやかになるよ。保険料を納めている

期間も半年でよくなるし、3ヵ月の給付制限もなくて、辞めてから1週間後には失業給付が支給がはじまることになる。

それなら安心ですね。突然会社が倒産して仕事がなくなっても、当面必要なお金はもらえるんですね。

ちなみに、会社都合でなくても、病気や介護、配偶者（はいぐうしゃ）の転勤（てんきん）などやむをえない理由で退職した場合は、会社都合の場合と同じ条件で失業給付を受けられることもあるよ。

だいたいいくらぐらいもらえるものなんですか？

失業給付は働いていたときの給料の額をもとに1日単位で計算されるよ。働いていたときにもらっていた給料の額によるけど、だいたいその50〜80％ぐらいだね。

次の仕事が見つかるまで、ずっともらえるんですか？

何日間もらえるかは、働いていた期間によって違うよ。自分の都合で辞めた人の場合、働いていた期間が10年未満であれば、最大90日間もらえる。倒産や解雇など会社の都合で辞めた人の場合は働いていた期間と年齢で細かく分かれている。若い人は転職しやすいから、年配の人よりも少なくなっているよ。

失業給付をもらえる間に、次の仕事を決められるかなあ。

失業給付の手続きは、最寄（もよ）りのハローワークでできる。職業訓練などを受けられる場合もあるから相談してみるといいね。

失業給付（しつぎょうきゅうふ）における基本手当の給付日数

【会社都合の場合】

区分　　被保険者であった期間	1年未満	1年以上～5年未満	1年以上 5年未満	10年以上 20年未満	20年以上
30歳未満	90日	90日	120日	180日	——
30歳以上35歳未満		120日	180日	210日	240日
35歳以上45歳未満		150日		240日	270日
45歳以上60歳未満		180日	240日	270日	330日
60歳以上65歳未満		150日	180日	210日	240日

【自己都合の場合】

区分　　被保険者であった期間	1年未満	1年以上～5年未満	1年以上 10年未満	10年以上 20年未満	20年以上
全年齢	—	90日		120日	150日

（出所）厚生労働省「ハローワークインターネットサービス」より作成。

監修者プロフィール　上西充子（うえにしみつこ）

法政大学キャリアデザイン学部教授。東京大学大学院経済学研究科第二種博士課程単位取得退学。労働政策研究・研修機構の研究員を経て、2003年より法政大学教員。専門は労働問題、社会政策。著書に『大学生のためのアルバイト・就活トラブルＱ＆Ａ』（旬報社）『大学のキャリア支援』（経営書院）『就職活動から一人前の組織人まで』（同友館）ほか。

これだけは知っておきたい「働くこと」の決まり
10代からのワークルール❸
こんなときこそワークルール！
就活・就職編

2019年3月15日　初版第1刷発行

監修　上西充子
編集協力　有限会社アジール・プロダクション
執筆協力　森田悦子
イラスト　朝倉千夏
装丁・本文デザイン　ランドリーグラフィックス
編集担当　熊谷満
発行者　木内洋育
発行所　株式会社旬報社
〒162-0041
東京都新宿区早稲田鶴巻町544　中川ビル4F
TEL 03-5579-8973
FAX 03-5579-8975
HP　http://www.junposha.com/
印刷　シナノ印刷株式会社
製本　株式会社ハッコー製本

© Mitsuko Uenishi 2019,Printed in Japan
ISBN978-4-8451-1574-7　NDC366